この希望は失望に
終わることがありません。

Gift from the Bible
聖書からの贈りもの

きぼうの朝《あした》

木には望みがある。
たとい切られても、また芽を出し、
その若枝は絶えることがない。

ヨブ記 一四章七節

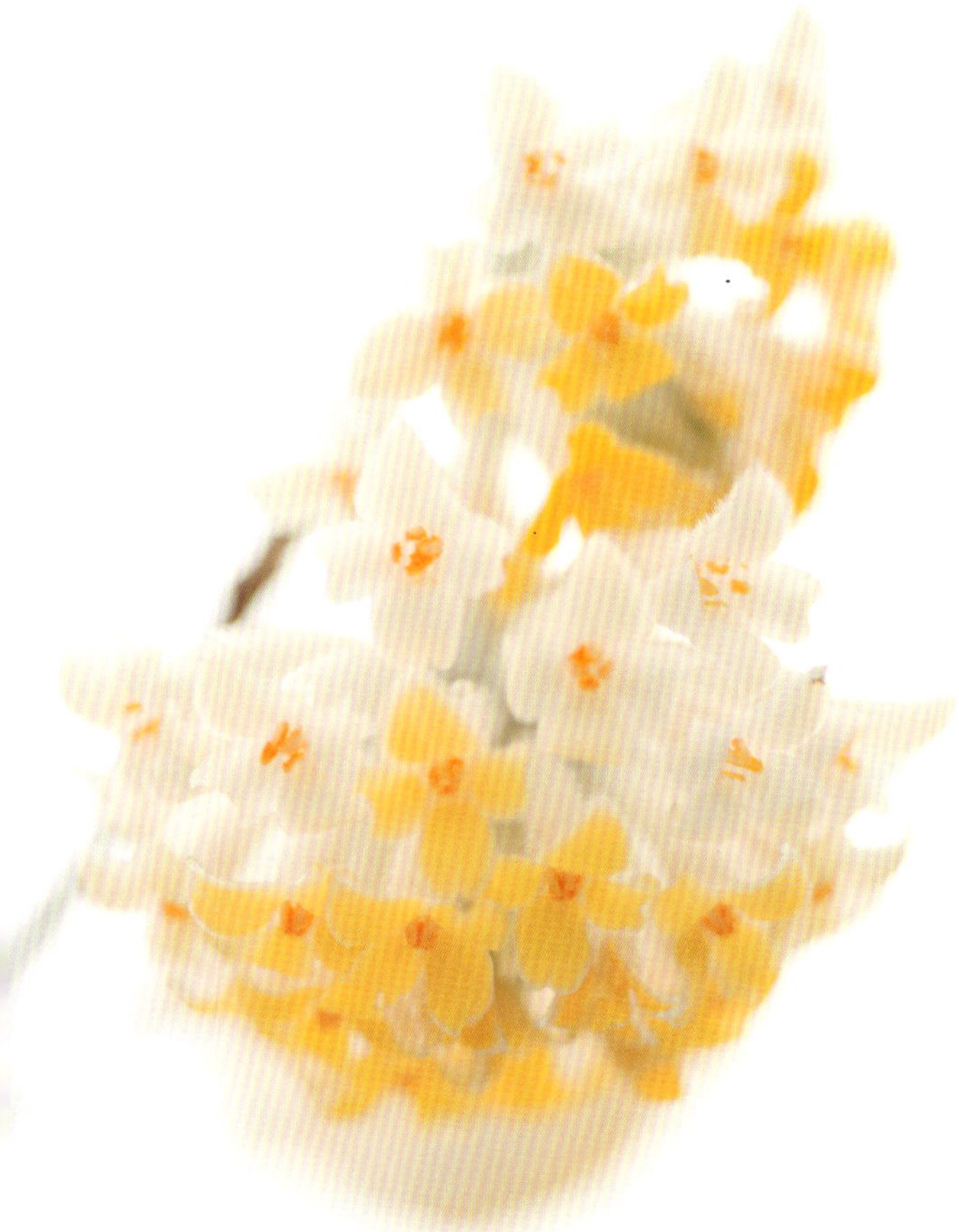

私の望みはいったいどこにあるのか。
だれが、私の望みを見つけよう。

ヨブ記 一七章一五節

天の下では、何事にも定まった時期があり、
すべての営《いとな》みには時がある。

伝道者の書 三章一節

私は山に向かって目を上げる。
私の助けは、どこから来るのだろうか。
私の助けは、天地を造《つく》られた主《しゅ》から来る。
主はあなたの足をよろけさせず、
あなたを守る方は、まどろむこともない。

詩篇 一二一篇一—三節

私のたましいは黙って、
ただ神を待ち望む。
私の救いは神から来る。

詩篇 六二篇一節

主はいつくしみ深く
その恵みはとこしえまで、
その真実は代々に至る。

詩篇 一〇〇篇五節

涙とともに種を蒔《ま》く者は、
喜び叫びながら刈り取ろう。
種入れをかかえ、泣きながら出て行く者は、
束をかかえ、喜び叫びながら帰って来る。

詩篇　一二六篇五、六節

まことに主は渇いたたましいを満ち足らせ、
飢えたたましいを良いもので満たされた。

詩篇　一〇七篇九節

神に愛されている人よ。恐れるな。
安心せよ。強くあれ。強くあれ。

ダニエル書 一〇章一九節

神こそ、わが岩。わが救い。わがやぐら。
私はゆるがされることはない。

詩篇　六二篇六節

わたしはあなたがたのために立てている
計画をよく知っているからだ。
――主の御告げ――
それはわざわいではなくて、
平安を与える計画であり、
あなたがたに将来と希望を与えるためのものだ。

エレミヤ書二九章一一節

神は、実に、そのひとり子を
お与えになったほどに、世を愛された。
それは御子を信じる者が、
ひとりとして滅びることなく、
永遠のいのちをもつためである。

ヨハネの福音書 三章一六節

あなたがたにも、今は悲しみがあるが、
わたしはもう一度あなたがたに会います。
そうすれば、あなたがたの心は喜びに満たされます。
そして、その喜びをあなたがたから
奪い去る者はありません。

ヨハネの福音書 一六章二二節

イエスは言われた。
「わたしは、よみがえりです。いのちです。
わたしを信じる者は、死んでも生きるのです。」

ヨハネの福音書 一一章二五節

聖書は時代を超え、
生きる望みを人々に示してきました。
自然界に描かれた創造の美と、
いのちのことばを贈ります。

きぼうの朝

2015年 4月25日 発行
2024年12月10日 6刷

写真 おちあい まちこ

印刷製本 株式会社サンニチ印刷

発行 いのちのことば社
164-0001 東京都中野区中野2-1-5
Tel.03-5341-6922（編集）
Tel.03-5341-6920（営業）
Fax.03-5341-6921
e-mail:support@wlpm.or.jp
http://www.wlpm.or.jp/

Printed in Japan
乱丁落丁はお取り替えします
ISBN978-4-264-03345-5